# BEI GRIN MACHT SICH IHR
# WISSEN BEZAHLT

AF138330

- Wir veröffentlichen Ihre Hausarbeit,
  Bachelor- und Masterarbeit

- Ihr eigenes eBook und Buch -
  weltweit in allen wichtigen Shops

- Verdienen Sie an jedem Verkauf

## Jetzt bei www.GRIN.com hochladen
## und kostenlos publizieren

# Die Planung der fiktiven NutriGenius-App mit dem Scrum-Framework

## Agiles Projektmanagement

Emily Green

**Bibliografische Information der Deutschen Nationalbibliothek:**

Die Deutsche Nationalbibliothek verzeichnet diese Publikation in der Deutschen Nationalbibliografie; detaillierte bibliografische Daten sind im Internet über http://dnb.d-nb.de abrufbar.

ISBN: 9783389096666
Dieses Buch ist auch als E-Book erhältlich.

Druck und Bindung: Books on Demand GmbH, Norderstedt Germany
Gedruckt auf säurefreiem Papier aus verantwortungsvollen Quellen

Das vorliegende Werk wurde sorgfältig erarbeitet. Dennoch übernehmen Autoren und Verlag für die Richtigkeit von Angaben, Hinweisen, Links und Ratschlägen sowie eventuelle Druckfehler keine Haftung.

Das Buch bei GRIN: https://www.grin.com/document/1525450

**Projektbericht**

Agiles Projektmanagement

*Agile Planung für die fiktive App NutriGenius*

# Inhaltsverzeichnis

## Tabellenverzeichnis

## Abkürzungsverzeichnis

DoD.........................................................................................................Definition of Done

GmbH..............................................................................Gesellschaft mit beschränkter Haftung

PB........................................................................................................Product Backlog

PBIs...............................................................................................Product Backlog Items

PO........................................................................................................Product Owner

Hinweis der Autorin:

Sofern das Geschlecht nicht explizit genannt wird, bezieht sich ein aus Gründen der besseren Lesbarkeit gewähltes generisches Maskulinum zugleich auf weibliche, männliche und diverse Personen.

# 1. Einleitung

## 1.1 Projektkontext

Agiles Projektmanagement mag bei dem ein oder anderen Produktenwickler noch mit den Wörtern chaotisch und planlos assoziiert sein. Diese Annahme ist jedoch irreführend. Wenn international erfolgreiche Unternehmen wie SIEMENS AG agiles Projektmanagement etablieren, muss dieser Ansatz einen deutlichen Nutzen versprechen (Rizzo, 2017, S.7).

Agile Methoden zeichnen sich durch eine iterative und adaptive Vorgehensweise aus, nicht durch das Fehlen einer Planung (Preußig, 2024, S.16). Agile Projektplanung konzentriert sich auf überschaubare Zeiträume und kontinuierliche Anpassung an sich ändernde Anforderungen (Preußig, 2024, S.39-40). Der Planungsprozess selbst ist dynamisch und flexibel, der Fokus liegt auf der regelmäßigen Versorgung des Kunden mit Teilprodukten und auf der kontinuierlichen Verbesserung basierend auf Feedback von Kunden und Stakeholdern (Preußig, 2018, S, 45-50).

Änderungen am Plan werden nicht als Bedrohung, sondern als Gelegenheit zur Optimierung gesehen (Preußig, 2024, S. 40-41). Agile Projektmanagement-Methoden wie z.B. Scrum und Kanban bieten Frameworks und Prinzipien, die diese iterative und adaptive Vorgehensweise strukturieren und unterstützen (Preußig, 2018, S.115-116, 132). Diese Frameworks definieren Rollen, Verantwortlichkeiten, Prozesse und Artefakte, die ein effizientes und transparentes Arbeiten fördern (Preußig, 2018, S. 134-140).

## 1.2 Agiles- vs. Klassisches Projektmanagement

In der Literatur werden zentrale Unterschiede zwischen klassischen und agilen Projektmanagementmethoden, insbesondere Scrum, hervorgehoben. Traditionelle Ansätze zeichnen sich durch statische, frühzeitige Planung und Widerstand gegenüber Änderungen aus, während agile Methoden Adaptivität und iterative Entwicklung priorisieren (Javanmard & Alian, 2015, S. 3-4, 7-8). Agile Methoden, insbesondere Scrum, konzentrieren sich auf inkrementelle Fortschritte, kontinuierliche Evaluation und die Erfüllung spezifischer Anforderungen des Product Owners (Adkar & Shinde, 2018, S. 89-90). Ein weiterer Kernunterschied liegt im Umgang mit dem Zieldreieck (Zeit, Kosten, Umfang) (Preußig, 2018, S. 34-35). Im klassischen Vorgehen verschiebt man bei Zeitdruck meist Termine, während im agilen Ansatz eher der Umfang reduziert wird, um die vereinbarte Frist einzuhalten. Weitere Unterschiede bestehen im Umgang mit den Anforderungen (klassisch: fest definiert zu Projektbeginn, agil: entwickeln sich während des Projekts), dem Entwicklungsprozess (klassisch: sequenziell, agil: iterativ), der Teamstruktur (klassisch: große Teams, klare Hierarchie, Spezialisten; agil: kleine, selbstorganisierte Teams, Generalisten, gemeinsame Verantwortung), der Kommunikation (klassisch: formal, lange Meetings; agil: informell, kurze tägliche Treffen), der Aufwandsschätzung (klassisch: vom Projektleiter, agil: gemeinsam im Team) und der Kundenbeteiligung (klassisch: sieht nur das Endergebnis, agil: bewertet Zwischenergebnisse und beeinflusst den Projektverlauf) (Preußig, 2018, S. 40-41).

## 1.3 Ziel des Projektberichts

In diesem Projektbericht werden die Prinzipien und Methoden agiler Projektplanung anhand der Methode SCRUM veranschaulicht und praktisch anhand eines fiktiven Produktes angewendet. Der Fokus liegt auf der Entwicklung einer detaillierten agilen Planung für das neu zu entwickelnde Produkt eines fiktiven Unternehmens. Hierbei soll der Prozess der Anforderungsanalyse und - Priorisierung anhand von User Stories im Product Backlog (PB) verdeutlicht werden. Die Ableitung eines Sprint Backlogs aus dem Product Backlog, inklusive der Aufgabenzuweisung und Aufwandsschätzung mittels einer geeigneten Technik wie Planning Poker, wird anschließend erläutert. Ebenfalls werden die relevanten Scrum-Events, wie z.b. Sprint Planning, Daily Scrum, Sprint Review und Sprint Retrospektive erläutert und dadurch deren Wichtigkeit für eine erfolgreiches Projektmanagement nach Scrum verdeutlicht. Hier wird insbesondere auf deren Bedeutung für die iterative Entwicklung und kontinuierliche Verbesserung eingegangen. Genauer beleuchtet wird auch das Konzept des agilen Festpreises, welches an einem konkreten Beispiel aus dem erstellten Backlog verdeutlicht und hinsichtlich seiner Vor- und Nachteile analysiert wird. Schließlich wird auf die unternehmerischen Chancen und Risiken einer agilen Planung im Allgemeinen und des agilen Festpreises eingegangen und dies diskutiert.

## 1.4 Vorstellung des fiktiven Produkts

Die fiktive Agentur Online Pro GmbH, entwickelt Individualsoftware für mittelständige Unternehmen, arbeitet agil und nutzt die Methode Scrum in ihren Softwareprojekten. Das neueste Softwareprojekt ist die Entwicklung einer App namens NutriGenius, die als personalisierter Ernährungsberater fungiert und individuelle Ernährungspläne basierend auf den Zielen der Nutzer erstellt. Wie bereits erwähnt, unterstützt die App die Nutzer bei der Erstellung personalisierter Ernährungspläne, die auf deren Zielen (wie Gewichtsverlust, Muskelaufbau oder allgemeine Gesundheit), Allergien, Unverträglichkeiten und Vorlieben basieren. NutriGenius bietet zudem Rezepte, Tracking-Funktionen für Kalorien und Makronährstoffe sowie individuelle Tipps und Informationen.

Anhand dieser App werden alle relevanten Aspekte der agilen Planung nach Scrum dem Leser beispielhaft nähergebracht, wodurch dieser die App schließlich konkret kennenlernen kann.

## 1.5 Vorgehensweise und Problemstellung

Die Basis des Projektberichts bildet die anfängliche Literaturrecherche, mit Hilfe derer die agile Planung mit der Methode Scrum beleuchtet wird. Darauf aufbauend wird das Scrum-Team vorgestellt und die Scrum-Artefakte erklärt. Anhand der oben beschriebenen NutriGenius App wird anschließend praxisnah ein Auszug des Artefaktes Product Backlog vorgestellt und der agile Festpreis und die Schätztechnik Planning Poker genauer beleuchtet. Abschließend werden auf die allgemeinen Chancen und Risiken einer agilen Planung mit Scrum, insbesondere die Verwendung des agilen Festpreises, eingegangen.

## 2. Agile Planung mit SCRUM

### 2.1 Schlüsselbegriffe und Grundprinzipien

Die Autoren Schwaber & Sutherland fassen Scrum als einen iterativen und inkrementellen Ansatz zum Projektmanagement, der auf Transparenz, Inspektion und Anpassung basiert, zusammen (Schwaber & Sutherland, 2020, S. 3-5). Dies wird nun erläutert, beginnend mit dem Ursprung des agilen Projektmanagements, dem agilen Manifesto aus dem Jahr 2001 (Opelt et al., 2018, S. 7-8). In diesem Manifesto werden vier unabdingbare Grundprinzipien zur Softwareentwicklung festgehalten. Dazu zählt, dass nicht die Prozesse und Werkzeuge im Vordergrund stehen, sondern die Individuen und Interaktionen. Des Weiteren ist eine funktionsfähige Software mehr wert, unabhängig davon, ob diese einer ausführlichen Dokumentation bedarf. Vertragsverhandlungen haben ebenfalls keinen so hohen Stellenwert, denn es wurde erkannt, dass die Interaktion und Zusammenarbeit mit dem Kunden mehr wert sind. Zuletzt, in dieser Aussage spiegelt sich der agile Ansatz deutlich wider, ist es von großem Wert nicht auf einen anfänglich erstellten Plan zu beharren, sondern bei Veränderungen bewusst entsprechend zu reagieren. Diese Prinzipien greift Scrum auf und vereint sie unter sich zu einem Managementframework (Hoffmann, 2021, S. 9, 19).

Das Framework besteht aus drei großen Bereichen (Gloger, 2016, S. 7-9). Dazu zählt das Scrum Team, zusammengesetzt aus Scrum Master, Product Owner und einem Entwicklungsteam. Bereich zwei bildet eine Vielzahl von sogenannten Artefakten, Product Backlog, Sprint Backlog und Inkremente, werden darunter verstanden. Den dritten und nicht minder wichtigen Bereich bildet die Projektdurchführung, die auf kurzen, zeitlich begrenzten Wiederholungen, sogenannten Sprints, beruht (Opelt et al., 2018, S. 8).

Regelmäßige Inspektionen und Anpassungen erfolgen in vier formalen Ereignissen: Sprint Planning, Daily Scrum, Sprint Review und Sprint Retrospektive (Schwaber & Sutherland, 2020, S. 8-10). Der Erfolg von Scrum hängt wesentlich von den fünf Kernwerten des Scrum-Teams ab: Offenheit, Fokus, Commitment, Respekt und Mut (Hoffmann, 2021, S. 19-20). Letztlich kann man sagen, dass Scrum nicht nur eine Methode ist, sondern ein Mindset, welches Verantwortungsbewusstsein und Disziplin fördert und fordert.

### 2.2 Das Scrum-Team

#### 2.2.1 Scrum Master

Der Scrum Master ist eine Schlüsselfigur im Scrum-Framework, der nicht die Aufgaben des Teams erledigt, sondern dessen Effektivität und Effizienz sicherstellt (Hoffmann, 2021, S. 25-28). Seine Hauptaufgabe besteht darin, das Team bei der Umsetzung der Scrum-Prinzipien und Praktiken zu unterstützen, Hindernisse zu beseitigen und darin, dass alle Teammitglieder ihre Rollen verstehen und ausführen können. Zu seinen Tätigkeiten gehören u.a. die Moderation von Scrum-Events und Coaching des Teams in agilen Praktiken. Limitationen des Scrum Masters liegen in seiner

Abhängigkeit von der Mitarbeit und dem Commitment des Teams sowie in seiner eingeschränkten Autorität, da er keine Weisungsbefugnis über die Teammitglieder hat.

## 2.2.2 Product Owner

Der Product Owner (PO) in einem Scrum-Team ist für die Maximierung des Produktwerts verantwortlich, der aus der Arbeit des Scrum-Teams resultiert (Scrum.org, 2020). Diese Maximierung kann Organisations-, Team- und Personenabhängig unterschiedlich aussehen (Scrum Guides, 2020).

Seine Hauptaufgabe liegt im effektiven Management des Product Backlogs (Scrum.org, 2020). Dies beinhaltet die Entwicklung und Kommunikation des Produktziels, das Erstellen und Kommunizieren von Product Backlog Items, besonders wichtig ist auch die Priorisierung dieser Items und die Sicherstellung der Transparenz, Sichtbarkeit und Verständlichkeit des Backlogs. Der PO achtet außerdem darauf, dass der finanzielle Aufwand im Verhältnis zu den Projektergebnissen steht (Opelt et al., 2018, S. 15).

## 2.2.3 Das Entwicklungsteam

Die Entwicklung, der Test und die Integration der Software bilden die Hauptaufgabe des Entwicklungsteams (Wirdemann et al., 2022, S. 23). Softwareentwickler, Tester und Designer können Teil dieses Teams sein (Wirdemann, 2009, S. 4-5).

Entwickler im Scrum-Team sind nicht ausschließlich auf Softwareentwicklung beschränkt, sondern tragen zur gesamten Produktentwicklung bei, unabhängig vom Produkttyp (Scrum.org, 2022). Ihre primären Verantwortlichkeiten sind der Arbeitsplan im Sprint, sowie die Sicherstellung der Qualität gemäß der Definition of Done (DoD) (Hoffmann, 2021, S. 28-29). Die DoD wird im Kapitel 2.3.3 Inkrement genauer beleuchtet. Das Entwicklungsteam passt ihren Plan täglich an das Sprintziel an und sind ein selbstorganisiertes Team, welches alle notwendigen Fähigkeiten besitzt, um die im Sprint Backlog definierten Aufgaben zu erledigen. Die Größe des Teams variiert und kann aus fünf bis maximal neun Personen bestehen (Wirdemann, 2009, S. 4-5).

## 2.3 Die Scrum-Artefakte

## 2.3.1 Product-Backlog

Der Product Backlog ist ein zentrales Artefakt in Scrum, das vom Product Owner erstellt und gepflegt wird (Wolf & Roock, 2021, S. 27). Er enthält eine geordnete Liste aller Anforderungen an das Produkt aus Kundensicht, die als Product Backlog Items (PBIs) bezeichnet werden (Schwaber & Sutherland, 2020, S. 11; Rubin, 2014, S. 52-54). Dieser Backlog ist nie vollständig, da sich Anforderungen im Laufe des Projekts ändern können, um mit den Kundenwünschen mitzuhalten (Preußig, 2024, S. 136-137). Diese PBIs, oft als User Stories formuliert, beschreiben funktionale und nicht-funktionale Anforderungen und beinhalten eine Story Card und einen Akzeptanztest (Wirdemann, 2010, S. 3-4;

McKenna, 2016, S. 78-85; Thois, 2012, S. 1-2). Der PO sammelt hierfür Informationen von Stakeholdern und dem Scrum-Team (Rubin, 2014, S. 52-54).

Der Backlog ist dynamisch und wird kontinuierlich angepasst: PBIs werden priorisiert, ergänzt, verändert und entfernt (Rubin, 2014, S. 52-54). Die Priorisierung, die den Produktwert maximiert, berücksichtigt Faktoren wie Wert, Kosten, Wissen und Risiko. Der PO ordnet die Items nach Priorität, wobei er die Arbeitsreihenfolge so festlegt, dass die wichtigste Arbeit zuerst erledigt wird. Die Größe der PBIs (z.B. in Story Points) ist für die Priorisierung und die Erstellung des Release Plans essenziell (Gloger, 2016, S. 138-143). Um zu planen, wann etwas geliefert werden kann, ist es auch wichtig die Velocity des Teams zu bestimmen (Opelt et al., 2018, S. 18). Diese beschreibt die Kapazität des Teams, die in einem Sprint umsetzbaren Story Points und somit die Realisierbarkeit der geplanten Arbeiten.

Nur Ready-Items, also ausreichend detaillierte PBIs, werden in den Sprint Backlog letztendlich übernommen (Preußig, 2024, S. 136-137). Eine Story Card, die Teil der User Story ist, wird immer aus Sicht des Anwenders geschrieben und beinhaltet die Nutzerrolle, das Ziel, welches die User Story erfüllen soll und den Grund für das Ziel (Hoffmann, 2021, S. 63). Ein gebräuchliches Schema für die Formulierung ist hierbei: Als ‚Benutzer' möchte ich ‚Funktion', um ‚Bedürfnis'. Die Akzeptanztests also die Akzeptanzkriterien geben den Entwicklern an, wann die Anforderungen als erfüllt gelten. Der PO legt diese durch eine detaillierte Beschreibung der spezifischen Funktionen fest.

Der Product Owner der fiktiven Agentur Online Pro GmbH hat mit Hilfe der Informationen des Auftraggebers, des Scrum Masters und des Entwicklungsteams nachfolgenden Product Backlog für die App NutriGenius erstellt.

Tab. 1 Auszug Product Backlog NutriGenius App

| Titel | Story Card | Akzeptanztest |
|---|---|---|
| Kalorien-Tracking | Als Anwender will ich meine tägliche Kalorienzufuhr tracken, um meinen Fortschritt zu überwachen und meine Ziele zu erreichen. | Die App ermöglicht es, die aufgenommenen Kalorien pro Mahlzeit und Tag einzugeben. Ein Balkendiagramm zeigt die tägliche Kalorienzufuhr grafisch an. Die App berechnet die Differenz zur täglichen Kalorienvorgabe basierend auf den Nutzereinstellungen. Ein Export der Daten (z.B. CSV-Datei) ist möglich. |
| Rezeptvorschläge | Als Anwender will ich passende Rezeptvorschläge erhalten, die meinen Zielen, Allergien und Vorlieben entsprechen. | Die App schlägt dem Nutzer Rezepte vor, die auf seinen im Profil hinterlegten Angaben (Ziele, Allergien, Unverträglichkeiten, Vorlieben) basieren. Die |

| | | Rezepte enthalten eine Zutatenliste, Zubereitungsschritte und ein Bild. Die App ermöglicht die Filterung der Rezepte nach Kriterien wie Zubereitungszeit, Kaloriengehalt und Zutaten |
|---|---|---|
| Makronährstoff Tracking | Als Anwender will ich meine Makronährstoffe (Proteine, Kohlenhydrate, Fette) tracken, um eine ausgewogene Ernährung zu gewährleisten. | Die App ermöglicht die Eingabe der Makronährstoffwerte pro Mahlzeit und Tag. Die Gesamtmenge an Makronährstoffen wird täglich angezeigt und grafisch dargestellt in einem Kreisdiagramm. Der Anteil der Makronährstoffe an der Gesamtenergiezufuhr wird berechnet. Die App visualisiert den Fortschritt zum Erreichen der Makronährstoffziele. |
| Profilerstellung | Als Anwender will ich ein detailliertes Profil erstellen, um personalisierte Ernährungspläne zu erhalten. | Die App erlaubt die Eingabe von persönlichen Daten (Alter, Gewicht, Größe, Aktivitätslevel), Zielen (Gewichtsverlust, Muskelaufbau, etc.), Allergien, Unverträglichkeiten und Nahrungsvorlieben. Die korrekte Eingabe wird validiert. Der Nutzer kann sein Profil jederzeit aktualisieren. |
| Ernährungsplan Erstellung | Als Anwender will ich einen personalisierten Ernährungsplan erhalten, der meinen Zielen und Einschränkungen entspricht. | Basierend auf den im Profil hinterlegten Angaben generiert die App einen individuellen Ernährungsplan mit Mahlzeitenvorschlägen, Kalorienangaben und Makronährstoffaufteilungen. Der Nutzer kann den Ernährungsplan bearbeiten und anpassen. Die App bietet verschiedene Optionen für den Ernährungsplan (z.B. vegetarisch, vegan). |

Quelle: Eigene Darstellung

Alle relevanten Anforderungen an die NutriGenius App sind dem dazugehörigen Product Backlog zu entnehmen und anhand des durch den PO erstellten Release Plans wird ersichtlich, wann die Anforderungen planmäßig abgeschlossen werden sollen. Hierbei ist die weiter oben genannte Priorisierung von größter Bedeutung. Zu beachten ist, dass die Items ihrer Größe nach in eine eindeutige Rheinfolge gebracht werden müssen (Schwaber & Sutherland, 2020, S. 11). Zum Abschätzen dieser Größe der einzelnen Items, gibt es diverse Techniken, wie Magic Estimation und Planning Poker (Preußig, 2024, S. 59). Letzteres wird in Kapitel 2.5.1 genauer beleuchtet.

## 2.3.2 Sprint-Backlog

Der Sprint Backlog wird im Sprint Planning Meeting erstellt und ist ein dynamisches Arbeitsdokument, das die vom Entwicklungsteam für einen einzelnen Sprint (Iteration) ausgewählten Aufgaben enthält (Preußig, 2018, S. 137-138). Diese Aufgaben werden aus dem Product Backlog abgeleitet und konkretisieren, wie das Sprint-Ziel erreicht werden soll, inklusive Schätzungen des Zeitaufwands. Im Gegensatz zum Product Backlog konzentriert sich der Sprint Backlog folglich auf die Arbeit die, während der nächsten zwei bis vier Wochen erledigt wird (Patanakul et al., 2016, S. 304-306). Das Team selbst bestimmt, welche Aufgaben aus dem Product Backlog sie in den Sprint Backlog aufnehmen, und schätzt den benötigten Zeitaufwand für jede Aufgabe ab (Preußig, 2018, S. 137-138). Externe Einflüsse auf den Sprint Backlog während des Sprints sind ausgeschlossen. Die Fortschrittskontrolle erfolgt durch die laufende Summierung der verbleibenden Arbeitsaufwände. Der Sprint Backlog dient somit als Plan und der Transparenz des Fortschritts während des Sprints.

## 2.3.3 Inkrement

Als Inkrement wird in Scrum ein funktionsfähiges Teilprodukt, das am Ende eines Sprints entsteht und zum fertigen Produkt hinzugefügt wird, bezeichnet (Hoffmann, 2021, S. 43-44). Es repräsentiert einen schrittweisen Fortschritt und nicht das vollständige Produkt (Preußig, 2024, S. 73-75). Jedes Inkrement baut auf dem Vorherigen auf und erweitert die Funktionalität nach und nach. Ein Inkrement sollte selbstständig testbar und nutzbar sein, selbst wenn noch nicht alle gewünschten Funktionen umgesetzt sind. Die Definition of Done ist untrennbar mit dem Inkrement verbunden und definiert die Kriterien, die erfüllt sein müssen, damit ein Inkrement als fertig betrachtet werden kann (Scrum.org, n. D.). Eine präzise DoD stellt sicher, dass jedes Inkrement die gleiche Qualität aufweist und problemlos in das Gesamtprodukt integriert werden kann. Dies verbessert die Planbarkeit, erhöht die Qualität und sorgt für mehr Transparenz im Projekt (Hoffmann, 2021, S. 45-47).

## 2.4 Scrum-Meetings

## 2.4.1 Sprint und Sprint Planning

Ein Sprint ist im Rahmen von Scrum eine zeitlich begrenzte Iteration, in der ein Scrum-Team an der Entwicklung eines Teilprodukts arbeitet (Preußig, 2024, S. 135). Die Sprints machen das Herzstück des agilen Arbeitens bei Scrum aus. Die maximale Dauer eines Sprints beträgt einen Monat, wobei alle Sprints innerhalb eines Scrum-Prozesses die gleiche Länge haben und nahtlos aufeinander folgen. Zu Beginn eines Sprints erfolgt das Sprint Planning, bei dem festgelegt wird, welche Anforderungen des Product Backlogs in den Sprint Backlog übernommen werden sollen (Preußig, 2024, S. 135-136). Während des Sprints dürfen keine neuen Anforderungen hinzukommen, um die Fokussierung auf das Sprintziel zu gewährleisten (Opelt et al., 2018, S. 19).

Das Sprint Planning wird von allen Mitgliedern des Scrum-Teams durchgeführt, wobei die Entwickler die umsetzbaren Arbeiten einschätzen, der Product Owner Unklarheiten zu den Anforderungen klärt und der Scrum Master die Einhaltung der Zeitvorgaben überwacht (Preußig, 2024, S. 135-136). Am

Ende des Sprint Plannings hat das Team eine Vorstellung davon, wie das Inkrement aussehen soll und welche Schritte notwendig sind, um dieses Ziel zu erreichen. Die strukturierte und iterative Form des Sprints ermöglicht eine kontinuierliche Rückkopplung und Anpassung an die Kundenbedürfnisse.

## 2.4.2 Daily Scrum

Beim Daily Scrum handelt es sich um ein Meeting, welches ebenfalls zu den sogenannten Scrum-Events zählt, welches täglich zur selben Zeit und am selben Ort für maximal 15 Minuten stattfindet (Maximini & Pilster, 2023, S. 133-134). Das Meeting wird in der Regel nur von den Entwicklern besucht und dient der Transparenz über den Fortschritt in Bezug auf das Sprintziel. Es ist darauf ausgerichtet, die Erreichung dieses Ziels sicherzustellen. Der Scrum Master ist nur anwesend, wenn dies erforderlich ist.

Zu Beginn wird das Sprintziel in Erinnerung gerufen, und der Sprint Backlog wird als Referenz verwendet (Maximini & Pilster, 2023, S. 134-136). Im Anschluss werden die PBIs überprüft, um den Fortschritt zu bewerten, gefolgt von der Planung der erforderlichen Schritte zur Fertigstellung. Mögliche Hindernisse werden identifiziert, und Aufgaben zugewiesen, um die Zielerreichung weiter voranzubringen.

## 2.4.3 Estimation Meeting

Das Scrum Estimation Meeting dient der Vorbereitung und Aktualisierung des Product Backlogs (Eidhub, 2020). Dieses findet ein- bis zweimal pro Sprint statt, wobei dann einige Product Backlog Items neu geschätzt werden (Eidhub, 2020; Gloger & Margetich, 2018, S. 66). Die Aktualisierung des Backlogs beinhaltet das Hinzufügen neuer Items und die Anpassung der Reihenfolge basierend auf den neuen Informationen und Schätzungen mittels Methoden wie Magic Estimation oder Planning Poker (Opelt et al., 2018, S.19; Eidhub, 2020).

## 2.4.4 Sprint Review

Das Sprint Review ist das zentrale Ereignis am Ende eines Sprints (Maximini & Pilster, 2023, S. 147). In diesem Meeting präsentiert das Entwicklungsteam das erarbeitete Inkrement und es werden Feedback der Stakeholder und des Scrum-Teams eingeholt (Gloger & Margetich, 2018, S. 66; Maximini & Pilster, 2023, S. 147). Während des Sprint Reviews überprüft das Team, inwieweit die umgesetzten Product Backlog Items die festgelegten Anforderungen erfüllen und wie gut das Sprintziel erreicht wurde (Preußig, 2018, S. 149). Auf Grundlage des erhaltenen Feedbacks wird gemeinsam über Anpassungen nachgedacht, die in künftigen Sprints berücksichtigt werden sollten (Maximini & Pilster, 2023, S. 149).

Insgesamt fördert das Sprint Review die Transparenz, das Engagement der Stakeholder und die kontinuierliche Verbesserung des Produkts sowie des Scrum-Prozesses (Maximini & Pilster, 2023, S. 147-149).

## 2.4.5 Sprint Retrospektive

Zwischen dem nächsten Sprint Planning und dem vorangegangenen Sprint Review findet die Sprint Retrospektive statt (Wirdemann et al., 2022, S. 21). Bei diesem Meeting handelt es sich um ein Treffen von Entwicklungsteam, Scrum Master und PO, um den letzten Sprint zu reflektieren und Verbesserungen für zukünftige Sprints zu identifizieren (Maximini & Pilster, 2023, S. 163-166). Der Fokus liegt hierbei nicht wie im Review auf dem Was, was wurde erreicht, sondern auf dem Wie, wie lief es ab.

## 2.5 Schätztechniken

### 2.5.1 Planning Poker

Agiles Schätzen priorisiert die Funktionalität eines Produkts gegenüber dem Entwicklungsaufwand (Gloger, 2014, S. 105-197). Die Schätzung der Produktgröße, nicht der benötigten Zeit, liefert frühzeitig Informationen über Projektumfang, benötigte Ressourcen und Abhängigkeiten, sowohl auf Produkt- als auch Teamebene. Um den Schätzprozess zu optimieren, wurden verschiedene Techniken entwickelt, darunter Planning Poker, eine etablierte Schätzmethode in Scrum.

Planning Poker ist eine Technik zur Schätzung des Aufwands oder der Komplexität von Aufgaben im Product Backlog (Preußig, 2018, S. 101-102). Das Ziel ist hierbei die Erzeugung eines Konsens über den Aufwand von User Stories, ausgedrückt in Story Points oder anderen geeigneten Einheiten (Gloger, 2014, S. 113-114). Bei der Schätzmethode wird ein Kartensatz genutzt mit einer Fibonacci-ähnlichen Zahlenfolge (0, 1, 2, 3, 5, 6, 8, 13, 20, 40, 100), die den Umstand berücksichtigt, dass Schätzungen mit zunehmender Größe ungenauer werden (Preußig, 2018, S. 99-100; Opelt et al., 2024, S.24). Die Teilnehmer, idealerweise das gesamte Entwicklungsteam, erhalten jeweils einen Kartensatz und schätzen die User Story unabhängig voneinander (Grenning, 2002, S. 1-3). Gleichzeitiges Aufdecken der Karten verhindert den Anker- oder Priming-Effekt, bei dem sich spätere Schätzungen an früheren orientieren (Preußig, 2018, S. 101). Wenn die Schätzungen stark variieren, wird dies diskutiert, um ein gemeinsames Verständnis und eine einheitliche Schätzung zu erreichen. Dieser iterative Prozess wird wiederholt, bis ein Konsens erzielt oder eine akzeptable Annäherung erreicht ist. J. Grenning betont die Wichtigkeit, bei großen Unsicherheiten die Story zu teilen oder zu verschieben, anstatt sich auf eine zu präzise Schätzung zu konzentrieren und M. Cohn unterstreicht, dass das Ziel nicht absolute Präzision, sondern eine vernünftige Schätzung ist (Grenning, 2002, S. 1-3; Cohn, 2006, S. 56-58). Die Effektivität von Planning Poker hängt stark von der Erfahrung des Teams und der Fähigkeit ab den Fokus auf die Funktionalität der User Story zu legen.

Die Priorisierung der PBIs erfolgt durch den PO, und Planning Poker ist eine Methode, um den Aufwand dieser Items einzuschätzen, was wiederum Einfluss auf die Priorisierung haben kann (Pichler, 2008, S.38-39, 60-61).

Tab. 2 Geschätzter und priorisierter Product Backlog NutriGenius App

| Prio-risie-rung | Größe | Titel | Storycard | Akzeptanztest |
|---|---|---|---|---|
| 1 | 2 | Profilerstellung | Als Anwender will ich ein detailliertes Profil erstellen, um personalisierte Ernährungspläne zu erhalten. | Die App erlaubt die Eingabe von persönlichen Daten (Alter, Gewicht, Größe, Aktivitätslevel), Zielen (Gewichtsverlust, Muskelaufbau, etc.), Allergien, Unverträglichkeiten und Nahrungsvorlieben. Die korrekte Eingabe wird validiert. Der Nutzer kann sein Profil jederzeit aktualisieren. |
| 2 | 8 | Ernährungsplan Erstellung | Als Anwender will ich einen personalisierten Ernährungsplan erhalten, der meinen Zielen und Einschränkungen entspricht. | Basierend auf den im Profil hinterlegten Angaben generiert die App einen individuellen Ernährungsplan mit Mahlzeitenvorschlägen, Kalorienangaben und Makronährstoffaufteilungen. Der Nutzer kann den Ernährungsplan bearbeiten und anpassen. Die App bietet verschiedene Optionen für den Ernährungsplan (z.B. vegetarisch, vegan). |
| 3 | 5 | Kalorien-Tracking | Als Anwender will ich meine tägliche Kalorienzufuhr tracken, um meinen Fortschritt zu überwachen und meine Ziele zu erreichen. | Die App ermöglicht es, die aufgenommenen Kalorien pro Mahlzeit und Tag einzugeben. Ein Balkendiagramm zeigt die tägliche Kalorienzufuhr grafisch an. Die App berechnet die Differenz zur täglichen Kalorienvorgabe basierend auf den Nutzereinstellungen. Ein Export der Daten (z.B. CSV-Datei) ist möglich. |
| 4 | 13 | Makronährstoff Tracking | Als Anwender will ich meine Makronährstoffe (Proteine, Kohlenhydrate, Fette) tracken, um eine ausgewogene Ernährung zu gewährleisten. | Die App ermöglicht die Eingabe der Makronährstoffwerte pro Mahlzeit und Tag. Die Gesamtmenge an Makronährstoffen wird täglich angezeigt und grafisch dargestellt in einem Kreisdiagramm. Der Anteil der Makronährstoffe an der Gesamtenergiezufuhr wird berechnet. Die App visualisiert den Fortschritt zum Erreichen der Makronährstoffziele. |
| 5 | 20 | Rezept-vorschläge | Als Anwender will ich passende Rezeptvorschläge erhalten, die meinen Zielen, | Die App schlägt dem Nutzer Rezepte vor, die auf seinen im Profil hinterlegten Angaben (Ziele, Allergien, Unverträglichkeiten, Vorlieben) basieren. Die Rezepte enthalten eine |

| | | | Allergien und Vorlieben entsprechen. | Zutatenliste, Zubereitungsschritte und ein Bild. Die App ermöglicht die Filterung der Rezepte nach Kriterien wie Zubereitungszeit, Kaloriengehalt und Zutaten |
|---|---|---|---|---|

Quelle: Eigene Darstellung

## 2.5.2 Agiler Festpreis

Der agile Festpreisvertrag bietet eine attraktive Alternative zu traditionellen Vertragsmodellen und ist ein Kernelement der agilen Methode (Opelt et al., 2018, S. 45). In der Anfangsphase eines Projektes ist noch nicht hundertprozentig gewiss, was gebraucht wird, weshalb auch keine detaillierte Spezifizierung der beauftragten Leistung erstellt werden kann. Der Vertrag legt einen maximalen Preis und einen Zeitrahmen fest, innerhalb dessen die Anforderungen gemeinsam mit dem Kunden präzisiert und umgesetzt werden. Diese Art des Vertrages berücksichtigt die Flexibilität agiler Methoden, denn der Umfang des Inhalts, Scope genannt, bleibt dabei variabel (Opelt et al., 2023, S. 50-51).

Sollte der Aufwand trotz gemeinsamer Abstimmungen und Risikomanagement doch höher ausfallen, wird dieser über einen vorher festgelegten Risikoteilungsmechanismus (Risk-Share) zwischen Kunde und Lieferant aufgeteilt (Opelt et al., 2023, S. 54). Eine anfängliche Testphase (Checkpoint-Phase) ermöglicht es, die Zusammenarbeit zu evaluieren und gegebenenfalls anzupassen. Zusätzlich bieten vereinbarte Ausstiegspunkte beiden Parteien die Möglichkeit, das Projekt zu beenden, falls dies notwendig ist. Der Vertrag beinhaltet einen strukturierten Prozess (Scope-Governance) zur Steuerung des Projektumfangs und zur Kommunikation zwischen Kunde und Lieferant (Opelt et al., 2023, S. 68-69). Ein besonderes Augenmerk liegt auf der Motivation und der kooperativen Zusammenarbeit, um die Effizienz und den Projekterfolg zu steigern. Der Agile Festpreisvertrag bietet damit eine flexible und transparente Alternative zu traditionellen Vertragsmodellen und berücksichtigt die Dynamik agiler Projekte (Opelt et al., 2023, S. 50-51, 78).

Dies bedeutete konkret für die App NutriGenius:

Der Gesamtumfang des PB wird vom Team auf 1000 Story Points geschätzt und die User Story Profilerstellung liegt bei 2 Story Punkten. Die Kosten für diese Uster Story betragen 10.000 € und die Dauer der Umsetzung beträgt 6 Tage. Die Kosten je Story Point betragen folglich 5000 €. Der agile Festpreis beläuft sich folglich auf 5.000.000 € (*Kosten einzelner Story Point x Story Points des gesamten PB*).

Der Agile Festpreisvertrag bietet Chancen, birgt aber auch einige Risiken (Opelt et al., 2023, S. 64-74). Die Stärke liegt in der Flexibilität. Änderungen während des Projektverlaufs sind möglich, ohne den vereinbarten Preisrahmen zu sprengen, da der Umfang iterativ definiert und angepasst wird. Die transparente und partnerschaftliche Zusammenarbeit fördert die frühzeitige Erkennung und Bewältigung von Risiken und steigert die Motivation aller Beteiligten. Die regelmäßigen

Abstimmungen erhöhen die Kundenzufriedenheit und reduzieren das Risiko von Projektverzögerungen (Opelt et al., 2023, S. 64-74). Allerdings erfordert die relative Aufwandsschätzung mittels Story Points Erfahrung und kann zu Unsicherheiten führen. Mangelnde Kommunikation oder unterschiedliche Risikobereitschaften von Kunde und Lieferant stellen potenzielle Konfliktquellen dar. Der hohe Koordinationsaufwand und der Bedarf an agiler Erfahrung sowohl auf Kundenseite als auch beim Lieferanten müssen berücksichtigt werden.

## 3. Chancen und Herausforderungen der agilen Planung

Bevor das abschließende Fazit gezogen wird, ist es wichtig die agile Planung nochmal im Ganzen zu betrachten. Die Flexibilität agiler Methoden erlaubt die Anpassung an sich verändernde Anforderungen und neue Erkenntnisse während des Projektverlaufs, was besonders in dynamischen Umgebungen von Vorteil ist. Durch iterative Entwicklung und frühzeitige Lieferung funktionsfähiger Teile wird frühzeitig Wert geschaffen und das Risiko minimiert, am Ende ein unerwünschtes Produkt zu erhalten (Preußig, 2024, S. 73-75). Die Transparenz und die verbesserte Kommunikation innerhalb des Teams und mit dem Kunden fördern die frühzeitige Erkennung und Lösung von Problemen (Gloger & Margetich, 2018, S. 66). Regelmäßige Reflexionen ermöglichen kontinuierliches Lernen und Prozessverbesserungen, während die Eigenverantwortung und das kollaborative Umfeld die Mitarbeitermotivation steigern. Allerdings erfordert die agile Vorgehensweise einen hohen Koordinationsaufwand und kann zu Herausforderungen bei der Aufwandsschätzung führen (Opelt et al., 2023, S. 64-74). Mangelnde Erfahrung im Team, Widerstand gegen Veränderungen und Schwierigkeiten bei der Steuerung komplexer Projekte sind weitere potenzielle Risiken. Eine klare Definition der Verantwortlichkeiten, ein effektives Risikomanagement und eine umfassende Dokumentation sind daher unerlässlich für den Erfolg eines agilen Projekts (Maximini & Pilster, 2023, S. 21, 31-32). Obwohl die agile Planung mit Herausforderungen verbunden ist, überwiegen im Gesamten die Chancen, sofern die Methode sorgfältig geplant und professionell umgesetzt wird.

## 4. Fazit - Reflexion des agilen Ansatzes

Dieser Projektbericht veranschaulicht erfolgreich die Prinzipien und Methoden der agilen Projektplanung mit Scrum anhand der fiktiven App NutriGenius. Es wird ein erster Einblick gewährt und die internen Prozesse und Abläufe des Scrum-Frameworks werden verständlich. Der Vergleich des agilen Ansatzes mit traditionellen Methoden hebt die iterative Natur, Flexibilität und Kundenorientierung von Scrum hervor. Obwohl der agile Prozess Herausforderungen wie die präzise Aufwandsschätzung und den Bedarf an intensiver Teamarbeit und Kommunikation mit sich bringt, überwiegen die Vorteile der kontinuierlichen Verbesserung. Hierzu zählen die Anpassungsfähigkeit an veränderte Anforderungen und die verstärkte Stakeholder-Einbindung, welche letztendlich die Risiken minimieren. Die Anwendung von Planning Poker als Schätztechnik und die Analyse des agilen Festpreises liefern wertvolle Einblicke in die praktische Umsetzung. Es wird ersichtlich, dass die Methode sich für eine effiziente und erfolgreiche Softwareentwicklung qualifiziert und sich daher für die Entwicklung der NutriGenius App definitiv eignet. Hierbei sei vorausgesetzt, dass die Planung sorgfältig ist und durch starke Teamarbeit umgesetzt werden kann. Angemerkt werden soll noch, dass die interpersonellen Beziehungen der einzelnen Teammitglieder in dieser Arbeit als reibungslos vorausgesetzt wurden, dies jedoch nicht immer der Realität entsprechen wird.

Besonders deutlich wurde, dass die Stärke einer agilen Methode nicht in ihrer Einzelanwendung liegt, sondern insbesondere in ihrer Kombination. Denn nur durch das kontinuierliche Wechselspiel unter anderem von Planung, Schätzung und Umsetzung, welche durch PB, Sprintbacklog und Planning Poker dargestellt werden, ergibt sich das gesamte Potenzial der Scrum-Methode.

# Literaturverzeichnis

Adkar, P. & Shinde, S. (2018, 5. Mai). *A modern review on scrum: Advance project management method.* International Journal Of Trend in Scientific Research And Development. https://www.ijtsrd.com/computer-science/other/12864/a-modern-review-on-scrum-advance-project-management-method/suvarna-shinde

Cohn, M (2006). *Agile Estimating and Planning* (12. Aufl.). Pearson Education Inc.

EidHub (2020). *Das Scrum Estimation Meeting – Eine regelmäßige Sprint Vorbereitung.* https://eid-hub-de/estimation-meeting/

Gloger, B. (2014). *Wie schätzt man in agilen Projekten.* Carl Hanser Verlag. https://doi.org/10.3139/9783446441941

Gloger, B. (2016). *Scrum: Produkte zuverlässig und schnell entwickeln* (5.Aufl). Carl Hanser Verlag. https://www-hanser--elibrary-com.eu1.proxy.openathens.net/doi/book/10.3139/9783446448360

Gloger, B. & Margetich, J. (2018). *Das Scrum-Prinzip: Agile Organisationen aufbauen und gestalten.* Schäffer-Poeschel (2.Aufl.). https://doi.org/10.34156/9783791039480

Grenning, J. (2002). *Planning Poker or How to avoid analysis paralysis while release planning.* https://wingman-sw.com/papers/PlanningPoker-v1.1.pdf

Hoffmann, J. (2021). *30 Minuten: SCRUM.* GABAL Verlag GmbH.

Javanmard, M., & Alian, M. (2015). *Comparison between Agile and Traditional software development methodologies.* https://www.researchgate.net/publication/274918013_Comparison_between_Agile_and_Traditional_software_development_methodologies

Maximini, D. & Pilster, J. (2023). *Agile Mastery in der Praxis.* Springer eBooks. https://doi.org/10.1007/978-3-662-67265-5

McKenna, D. (2016). *The Art of Scrum: How Scrum Masters Bind Dev Teams and Unleash Agility.* Springer Nature Apress. https://doi.org/10.1007/978-1-4842-2277-5

Opelt, A., Gloger, B., Pfarl, W., & Mittermayr, R. (2018). *Der agile Festpreis: Leitfaden für wirklich erfolgreiche IT-Projekt-Verträge* (3. Aufl.). Carl Hanser Verlag. https://www-hanser--elibrary-com.eu1.proxy.openathens.net/isbn/9783446454460

Opelt, A., Gloger, B., Pfarl, W. & Mittermayr, R. (2023). *Der agile Festpreis: Leitfaden für wirklich erfolgreiche IT-Projekt-Verträge* (4.Aufl.). Carl Hanser Verlag. https://doi.org/10.3139/9783446474734

14

Patanakul, P., Henry, J., Leach, J. A. (2016). 11.2 Product Backlog and Sprint Backlog. In. Martinelli R. J. & D. Z. Milosevic (Hrsg.), *Project Management Toolbox* (2. Aufl., S.301-321). John Wiley & Sons.

Pichler, R. (2008). *Scrum: Agiles Projektmanagement erfolgreich einsetzen.* Dpunkt.verlag.

Preußig, J. (2018). *Agiles Projektmanagement: Scrum, User Stories, Task, Board & Co.* (2. Aufl.). Haufe-Lexware Verlag.

Preußig, J. (2024). *Agiles Projektmanagement: Agilität und Scrum im klassischen Projektumfeld.* Haufe-Lexware Verlag. https://ebookcentral.proquest.com/lib/badhonnef/reader.action?docID=31226195

Rizzo, S. (2017). *Agiles Softwareanforderungsmanagement und Einhaltung gesetzlicher Bestimmungen: ein praxisnaher Live-Ansatz.* https://www.plm.automation.siemens.com/media/global/de/Siemens-PLM-Polarion-Agile-software-requirements-management-and-regulatory-compliance_tcm53-13178.pdf

Rubin, K. S. (2014). *Essential Scrum: Umfassendes Scrum-Wissen aus der Praxis.* Mitp Verlag. https://ebookcentral.proquest.com/lib/badhonnef/reader.action?docID=6947439

Schwaber, K., & Sutherland, J. (2020). *Der Scrum Guide.* https://scrumguides.org/docs/scrumguide/v2020/2020-Scrum-Guide-German.pdf

Scrum Guides (2020). *The 2020Scrum Guide TM.* https://scrumguides.org/

Scrum.org (n.D.). *What is a Definition of Done.* https://www.scrum.org/resources/what-definition-done#:~:text=The%20Scrum%20Guide%20says%20the,measures%20required%20for%20the product.

Scrum.org (2020). *What is Scrum?.* https://www.scrum.org/learning-series/what-is-scrum/the-scrum-team/what-is-a-product-owner

Thois, S. (2012). Anforderungsmanagement in IT-Projekten: So vermeiden Sie Stolpersteine bei User Stories. *Projektmagazin, 2012*(17), 1-13. https://www.projektmagazin.de/artikel/so-vermeiden-sie-stolpersteine-bei-user-stories_1073296

Wirdemann, R. (2009). Agiles Projektmanagement: Scrum – Eine Einführung. *Projektmagazin, 2009*(21), 1-9. https://www.projektmagazin.de/artikel/scrum-eine-einfuehrung_7231

Wirdemann, R., Ritscher, A. & Mainusch, J. (2022). *Scrum mit User Stories* (4.Aufl.). Carl Hanser Verlag. https://doi.org/10.3139/9783446474383

Wolf, H., & Roock, S. (2021). *Scrum - verstehen und erfolgreich einsetzen* (3.Aufl.). dpunkt.verlag. https://ebookcentral.proquest.com/lib/badhonnef/detail.action?docID=6661476#